哪页难读撕哪页

牧村　编著

三环出版社
SANHUAN PUBLISHING HOUSE

图书在版编目(CIP)数据

哪页难读撕哪页 / 牧村编著 . -- 海口:三环出版社(海南)有限公司, 2024.9. -- ISBN 978-7-80773 -334-8

Ⅰ. H033.3

中国国家版本馆 CIP 数据核字第 2024ZT7908 号

哪页难读撕哪页
NA YE NAN DU SI NA YE

编　　著	牧　村	
责任编辑	姜　嫚	
责任校对	韩孜依	
责任印制	万　明	
插图绘制	读写通	

出版发行　三环出版社(海口市金盘开发区建设三横路 2 号)
　　　　　邮　编　570216　　邮　箱　sanhuanbook@163.com
社　　长　王景霞　　总 编 辑　张秋林
印刷装订　三河市同力彩印有限公司
书　　号　ISBN 978-7-80773-334-8
印　　张　4.5
字　　数　83.5 千字
版　　次　2024 年 9 月第 1 版
印　　次　2024 年 9 月第 1 次印刷
开　　本　880 mm×1230 mm　　1/32
定　　价　48.00 元

镜
Mirror

往日情怀酿作酒，

换我余生长醉不复忧。

花
Flower

诗与酒，花与茶，

朝与夕，根与茎，

花与叶，开与谢，

花与我，红与黄。

一花一色彩，一人一世界，尽是多姿多彩。

水
Water

挑尽春风，

去看四海潮生。

月
Moon

晚风踩着云，

月亮贩售快乐。

目录

Contents

第1章
CHAPTER 1

云水禅心

002　有关释怀
008　有关独处
014　有关淡然
020　有关智慧

第2章
CHAPTER 2

人间烟火

028　有关爱情
034　有关友情
040　有关梦想
046　有关生活

第3章
CHAPTER 3

逆风飞翔

056 有关勇气

062 有关挑战

068 有关坚持

074 有关韧性

第4章
CHAPTER 4

旷野人生

082 有关自由

088 有关探索

096 有关独立

102 有关自然

第5章
CHAPTER 5

探索自我

110 有关思考

116 有关创新

122 有关自我

128 有关世界

有关释怀

有关独处

有关淡然

有关智慧

第 1 章

Chapter one

云水禅心

有关 ▶ 释怀

——人生如茶，苦后回甘。释怀，便是那回甘前的苦涩。

- 释怀，不是对过去的背叛，而是对自我的救赎，是在时间的河流中找到与自己和解的方式。

- 释怀，非遗忘前尘，而是学会以温柔之姿，拥抱过往云烟，让心灵在宽广中自由飞翔。

- 紧握不放的手，终将被岁月的河流温柔冲开；学会释怀，是给自己最温柔的解脱。

- 放下，并不意味着失去；释怀，是另一种形式的拥有，即内心的平和与自由。

- 经历与体验塑造人心，让人变得温柔且包容。所有经历，无论伤痛或美好，都有其意义。内心强大后，我们便能超越痛苦，获得自由，无惧人生风雨。

▢　如果你因为失去了太阳而流泪，那么你也将错过群星了。

——泰戈尔

▢　人生就像骑脚踏车，要保持平衡就得不断往前走。

——爱因斯坦

☐ 是以圣人无为故无败，无执故无失。

——《老子》

☐ 行到水穷处，坐看云起时。

——王维《终南别业》

☐ 回首向来萧瑟处，归去，也无风雨也无晴。

——苏轼《定风波·莫听穿林打叶声》

☐ 古今多少事，都付笑谈中。

——杨慎《临江仙·滚滚长江东逝水》

☐ 抽刀断水水更流，举杯消愁愁更愁。人生在世不称意，明朝
散发弄扁舟。

——李白《宣州谢朓楼饯别校书叔云》

有关 ▶ 独处

——一个人的时候，就要抱抱自己。

- 在静谧的午后，阳光用温柔的笔触，在窗棂上勾出画卷。我，便成为了这画中唯一的行者，漫步于心灵的幽径，每一步都踏着属于我的节拍。

- 我在人海中找到了一个只属于自己的岛屿，那里，有我最真的笑颜。

- 一本书、一杯茶，我就是自己的港湾。

- 当我独处时，时间仿佛变得柔软而缓慢。我可以细细品味每一刻的流逝，感受生命中最细腻的情感与变化。

- 独处时光，是我心灵的港湾。在这片宁静的海洋里，我自由地航行，寻找着内心的灯塔。

只有当一个人独处的时候，他才可以完全成为自己。谁要是不热爱独处，那他也就是不热爱自由，因为只有当一个人独处的时候，他才是自由的。

——叔本华

唯有孤独的人才强大。

——苏格拉底

我喜欢独处。我从未找到比孤独更友好的伴侣。

——梭罗

怯懦的动物总是成群结队地行走。只有狮子在旷野中独往独来。

——维尼

人在独自一人时最坚强。

——吉田弦二郎

崇德效山，藏器学海；群居守口，独坐防心。

——金缨《格言联璧》

◻ 孤舟蓑笠翁，独钓寒江雪。

——柳宗元《江雪》

◻ 众鸟高飞尽，孤云独去闲。

——李白《独坐敬亭山》

◻ 结庐在人境，而无车马喧。问君何能尔？心远地自偏。

——陶渊明《饮酒·其五》

有关 ▶ 淡然

——很多时候，很多事情，一笑置之。

□ 淡然不是无欲无求，而是在纷扰中寻得内心的平衡，以温柔的力量拥抱每一个当下。

□ 不必成为他人眼中的完美之人，你的淡然与真实，就是世间最美的风景。

□ 淡然如花，不张扬却自有一番韵味。年轻的你，亦应如此，以淡然之姿，绽放属于自己的光彩。

□ 不必急于证明自己的价值，你的存在本身就是一种美好，淡然地生活，优雅地老去。

□ 学会在繁忙与浮躁中抽身而出，以一颗淡然的心，感受生活的每一个细微之处。这样你会发现，幸福其实一直都在。

□ 世间繁华，淡然观花。心无挂碍，自在如霞。

▢ 喜不应喜无事之事，怒不应怒无怒之物。

——诸葛亮《便宜十六策》

▢ 泰山崩于前而色不变，麋鹿兴于左而目不瞬。

——苏洵《心术》

❑ 我愿意深深地扎入生活，吮尽生活的骨髓，把日子过得扎实且简单，也把一切不属于生活的内容剔除得干净利落。把生活逼到绝处，用最基本的形式，简单、简单、再简单。

——梭罗

❑ 非淡泊无以明志，非宁静无以致远。

——诸葛亮《诫子书》

❑ 得隙闲眠真可乐，吃些淡饭自忘忧。

——罗洪先

❑ 上善若水，水善利万物而不争。处众人之所恶，故几于道。

——《老子》

❑ 宠辱不惊，闲看庭前花开花落；去留无意，漫随天外云卷云舒。

——洪应明《菜根谭》

❑ 千林无伴，淡然独傲霜雪。

——朱敦儒《念奴娇·见梅惊笑》

有关 ▸ 智慧

——智慧，而非精明。

- 智慧如同夜空中最亮的星，不言不语却以无尽的光芒引领着迷航者找到心灵的归宿。

- 智慧不是别人的附属品，不需要依赖别人而存在。

- 智慧是内心的灯塔，照亮前行的路；独立是脚下的基石，稳固每一步的坚定；自信则是头顶的星空，指引我们追逐最亮的梦想。

- 心灯不灭，智慧长明。

- 大智如愚，是真正的智慧。慧极必伤，越是聪明越要低调。

- 智慧清净，如月在水。

口　我只知道一件事，即我一无所知。

———苏格拉底

口　理想的书籍是智慧的钥匙。

———托尔斯泰

口　我所得到的最好教训，都是来自我的错误的失败中——过去
　　的愚蠢的错误，便是将来的智慧与成功。

———爱德华兹

◻ 我有智慧空，从头即是实。

——宋太宗《缘识》

◻ 山重水复疑无路，柳暗花明又一村。

——陆游《游山西村》

◻ 横看成岭侧成峰，远近高低各不同。

——苏轼《题西林壁》

◻ 不畏浮云遮望眼，自缘身在最高层。

——王安石《登飞来峰》

◻ 细看便是华严偈，方便风开智慧花。

——白居易《僧院花》

◻ 一切有为法，如梦幻泡影，如露亦如电，应作如是观。

——《金刚经》

▶ 有关爱情

▶ 有关友情

▶ 有关梦想

▶ 有关生活

第 2 章

Chapter two

人间烟火

有关 ▸ 爱情

——乍放的花火，也是无尽的
温柔与炽热。

¤ 在爱的世界里，你是我永恒的星辰，无论夜有多深，都能指引我前行，给予我无尽的温暖与光明。

¤ 仍然有开在泥泞里温柔的花，有明晃晃的夏天，我喜欢这个世界，但更喜欢你。

¤ 在你的怀抱中，我找到了归属与安宁。爱情如同温暖的阳光，穿透寒冷，驱散我所有的阴霾。

¤ 爱情中不必有牺牲，真爱会让彼此成长和收获。

¤ 你以为有了爱情，便拥有了幸福吗？非也，你要先变得幸福，才会有幸福的爱情。

¤ 一个人如果不懂得如何爱自己，便也不懂得如何爱他人。

☐ 爱情会给人智谋。

——莫里哀

☐ 爱情啊，你的荆棘，已刺伤了身陷其中之人的双眼。

——莎士比亚

☐ 爱情让人内心的期盼升华到至善之境。

——但丁

☐ 我的灵魂紧紧地依附在你的身上，你的爱情是我生活中的灿烂之光。

——歌德

☐ 爱是难以满足的。有了幸福便想要极乐园；有了极乐园便想要天堂。

——雨果

☐ 爱是充实了的生命，正如盛满了酒的酒杯。

——泰戈尔

当爱情轻敲肩膀时，连平日对诗情画意都不屑一顾的男人，都会变成诗人。

——柏拉图

衣带渐宽终不悔，为伊消得人憔悴。

——柳永《蝶恋花·伫倚危楼风细细》

曾经沧海难为水，除却巫山不是云。

——元稹《离思五首·其四》

有关 ▶ 友情

——是闲暇时的大笑，也是伤心时的慰藉。

- 岁月悠悠，友情如酒，越陈越香。那些共同度过的时光，如同璀璨星辰，永远闪耀在记忆的天空。

- 在这个快节奏的世界里，能够拥有一份慢下来的友情，是一种难得的奢侈。珍惜那些愿意陪你慢慢走、静静聊的朋友吧。

- 朋友，是那些在你跌倒时伸出援手，在你成功时与你一同欢笑，在你失落时给予你鼓励与安慰的人。

- 真正的友情，经得起时间的考验，耐得住寂寞的侵蚀。它如同陈年老酒，越久越醇厚，越品越有味。

- 友情，是生命旅途中最美的风景之一，它让我们在人生的道路上不再孤单。因为有朋友相伴，每一步都充满了力量与希望。

◘ 真正的朋友，将一个灵魂孕育在两个躯体中。

——亚里士多德

◘ 友谊是美德永恒的辅助，不是罪恶的助手。

——西塞罗

◘ 友谊是灵魂的结合。

——伏尔泰

◘ 缺乏真正的朋友是最纯粹、最可怜的孤独；如果没有友谊，斯世不过是一片荒野。

——培根

◘ 友谊是人生中的调味剂，也是人生中的止痛药。

——爱默生

◘ 一些对你恭维不离口的朋友，都不是患难朋友。

——莎士比亚

□ 劝君更尽一杯酒，西出阳关无故人。

——王维《送元二使安西》

□ 桃花潭水深千尺，不及汪伦送我情。

——李白《赠汪伦》

□ 莫愁前路无知己，天下谁人不识君。

——高适《别董大》

□ 海内存知己，天涯若比邻。

——王勃《送杜少府之任蜀州》

□ 我寄愁心与明月，随君直到夜郎西。

——李白《闻王昌龄左迁龙标遥有此寄》

□ 故人入我梦，明我长相忆。

——杜甫《梦李白二首·其一》

有关 ▶ 梦 想

——是对远方的向往，是缤纷
的梦。

□ 岁月悠悠，梦想不老。

□ 梦想是生命中最宝贵的财富。它让我们在平凡中看到不凡，在挫折中看到希望，在绝望中看到光明。

□ 梦想如同夜空中最温柔的月光，洒在心湖上，泛起层层涟漪，让心灵得以平静，也让梦想更加清晰。

□ 追逐梦想的过程，就像是一场华丽的冒险。沿途的风景或许美丽，或许艰难，但正是这些经历，让我们的生命变得更加丰富多彩。

□ 每个人的心中都有一片属于自己的星空，那里藏着最璀璨的梦想。只要抬头仰望，就能感受到那份来自心底的温暖与力量。

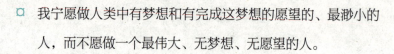

我宁愿做人类中有梦想和有完成这梦想的愿望的、最渺小的人，而不愿做一个最伟大、无梦想、无愿望的人。

——纪伯伦

要抒写自己梦想的人，反而更应该清醒。

——瓦雷里

梦想是人格的试金石。

——梭罗

人类也需要梦想者。他们沉浸在大公无私的事业发展中，因而不能注意自身的物质利益。

——居里夫人

不要丢弃你的梦想。一旦你失去梦想，或许你依然存在，但你已经如同行尸走肉。

——马克·吐温

◻ 大鹏一日同风起,扶摇直上九万里。

——李白《上李邕》

◻ 长风破浪会有时,直挂云帆济沧海。

——李白《行路难》

◻ 欲穷千里目,更上一层楼。

——王之涣《登鹳雀楼》

有关 ▶ 生活

——是人家升起的炊烟，是当下的每一口空气。

- 在平凡的日子里，总有一抹不经意的温暖，如同晨曦初照，温柔地唤醒沉睡的心灵，让生活充满了希望与光明。

- 岁月悠悠，生活如歌。我们在旋律中起舞，在节奏中前行。每一个音符都是心灵的悸动，每一段旋律都是生命的礼赞。

- 每一个清晨，都是世界对你说的最温柔的早安。它告诉我们，无论昨日如何，今天都是一个全新的开始，值得我们以最美好的姿态去拥抱。

- 你如果希望自己勇敢而真实，那么现在做个深呼吸，用猛烈的孤独，开始你伟大的历险。

- 生活不在于拥有多少，而在于感受多少。一杯清茶，一缕阳光，一本好书，都能让心灵得到最纯粹的滋养和安宁。

每个人都必须按自己的良心来生活，但不是按任何理想。如果良心屈从于信条，或理念，或传统，甚至是内在冲动，那是我们的堕落。

——劳伦斯

轻轻的我走了，正如我轻轻的来；我轻轻的招手，作别西天的云彩。

——徐志摩

生活的花朵只有付出劳力才会开的。

——巴尔扎克

生活，即求知。

——高尔基

认识了生活的全部意义的人，不会轻易死去，哪怕只有一点机会，就不能放弃生活。

——奥斯特洛夫斯基

◻ 人生如逆旅，我亦是行人。

——苏轼《临江仙》

◻ 采菊东篱下，悠然见南山。

——陶渊明《饮酒·其五》

◻ 开轩面场圃，把酒话桑麻。

——孟浩然《过故人庄》

◻ 莫笑农家腊酒浑，丰年留客足鸡豚。

——陆游《游山西村》

◻ 渡水复渡水，看花还看花。

——高启《寻胡隐君》

◻ 问余何意栖碧山，笑而不答心自闲。桃花流水窅然去，别有天地非人间。

——李白《山中问答》

▶ 有关勇气

▶ 有关挑战

▶ 有关坚持

▶ 有关韧性

第3章

Chapter three

逆风飞翔

有关 ▶ 勇气

—— 勇敢的人先享受世界。

- 勇气不是一点也不恐惧，而是即使害怕，仍然去做真正重要的事情。

- 有棱有角，闪闪发光。

- 我要有能做我自己的自由和敢做我自己的胆量。

- 人生不可能总是顺心如意，但持续朝着阳光走，影子就会躲在身后。

- 成为更好的人，这是最新的约定。

- 如果在黑暗中感到不适，请到舞台中央来。

- 我一定要去寻找，就算无尽的星辰令我的探寻希望渺茫，就算我必须单枪匹马。

- 一个有坚强心志的人，财产可以被人掠夺，勇气却不能被人剥夺。

——雨果

- 有德必有勇，正直的人绝不胆怯。

——莎士比亚

- 前途很远，也很暗。然而不要怕，不怕的人的面前才有路。

——鲁迅

- 我们不过是宇宙里的尘埃，时间长河里的水滴，所以大胆去做不要怕，没有人在乎，就算有人在乎，人又算什么东西。

——毛姆

- 我并不期待人生可以过得很顺利，但我希望碰到人生难关的时候，自己可以是它的对手。

——加缪

- 安能摧眉折腰事权贵，使我不得开心颜。

——李白《梦游天姥吟留别》

有关 ▸ 挑战

——披荆斩棘，前路漫漫。

- 生活中，挑战总是难免，但勇气能照亮前路，你手中就握着通往成功的钥匙。

- 旅途中我们总会遭遇风雨，那些貌似不可逾越的障碍，实则蕴含蜕变的机遇。

- 人生路上挑战多，但每一步都铸就你的铠甲，勇敢前行，未来自会光亮。

- 挑战就像黎明前的黑暗，只有经历过它，才能迎接绚烂的日出。

- 滚滚红尘旅，漫漫人生路。当挑战如磐石般不可逆转地横亘在眼前，只有直面挑战，才终能有所得，有所获。

被人揭下面具是一种失败，自己揭下面具却是一种胜利。

——雨果

谁在凯旋中战胜自己，谁就赢得了两次胜利。

——绪儒斯

我们倒不怕承认自身的"弱"，愈知道自身弱在哪里，愈好在各人自己的岗位上来尽力加强它。

——闻一多

敌近而静者，恃其险也；远而挑战者，欲人之进也。

——孙子

最具挑战性的挑战莫过于提升自我。

——迈克尔·F·斯特利

别向不幸屈服，应该更大胆、更积极地向不幸挑战。

——维吉尔

有关 ▶ 坚持

——再坚持一下，万一就成功了，不是吗？

◘ 星星不畏太阳的不屑，在亘古的夜空中依旧闪耀着那一点微光，指引方向；水滴不畏磐石的阻拦，在时间的长河中执着那一份信念，终于穿石；我们不畏困难阻碍恒定那一份美丽的梦想，终将梦想花开，尘埃落定。

◘ 不经历风雨，怎能见彩虹？在风雨来临时坚持下去，也许下一刻，幸福的彩虹就会如期而至。

◘ 等乌鸦说情话，等铁树开花，等你成功那一天。

◘ 黑暗的尽头是光明，努力的尽头是成功。

◘ 你要一直一直地去相信你所做的事总有一天会开花结果的。

◘ 坚持是毅力，仿佛一轮炽热不落的艳阳；坚持是灵魂，仿佛一群屹立不倒的山林。

涓滴之水终能够磨损大石，不是因为它气力富强，而是由于昼夜不舍的滴坠。

——贝多芬

要在这个世界上获得成功，就必须坚持到底：至死都不能放手。

——伏尔泰

忍耐和坚持虽是痛苦的事情，但却能渐渐地为你带来好处。

——奥维德

您得相信，有志者事竟成。古人告诫说："天国是努力进入的。"只有当勉为其难地一步步向它走去的时候，才必须勉为其难地一步步走下去，才必须勉为其难地去达到它。

——果戈理

逆水行舟使劲撑，一篙松劲退千寻。

——董必武《题赠送中学生》

有关 ▶ 韧性

——是挺拔的翠竹，亦是山中的石灰。

◘ 人生一世，草木一秋，不可能都生存在顺风顺水的安逸环境之中，难免会遇到风霜雷电。没有韧性的人生虽然意志似钢铁，可是结果还是容易破碎的。

◘ 竹竿负重宁弯不折，水滴石穿宁碎不舍。

◘ 绚烂的夏花有与向日葵一般的执着。

◘ 每一颗历经风霜的种子，都蕴藏着破土而出的韧性。

◘ 生命中没有四时不变的风景。只要心永远朝着阳光，你就会发现，每一束阳光都闪着希望的光芒。

◻ 不学无术的人宛如寸草不生的荒地；缺乏韧性的人犹似一盏
没加油的灯。

　　　　　　　　　　　　　　　　　　　——阿拉伯俗语

◻ 震骇一时的牺牲，不如深沉的韧性的战斗。

　　　　　　　　　　　　　　　　　　　——鲁迅

◻ 中国一向就少有失败的英雄，少有韧性的反抗，少有敢单身
鏖战的武人，少有敢抚哭叛徒的吊客；见胜兆则纷纷聚集，
见败兆则纷纷逃亡。

　　　　　　　　　　　　　　　　　　　——鲁迅

◻ 人应当使自己的面貌日新月异，要像坚硬而有韧性的金属那
样经得起任何斗争的锻炼。

　　　　　　　　　　　　　　　　　　　——列斯科夫

◻ 生活就像海洋，只有意志坚强的人，才能到达彼岸。

　　　　　　　　　　　　　　　　　　　——马克思

有关自由

有关探索

有关独立

有关自然

第 4 章

Chapter four

旷野人生

有关 ▶ 自由

——真正的自由是什么呢？

心灵在自由的天空翱翔，那是梦想的彼岸，也是内心的归乡。

在广阔无垠的天地间，自由翱翔，心随风动，梦随云飘。

仅仅活着是不够的，还需要有阳光、自由，和一点花的芬芳。

内心丰盈者独行也如众，允许一切如其所是。

山前山后各有风景，有风无风都很自由。

我生性自由散漫不喜欢约束，全部野心就是自由的一生。

▫ 人是生而自由的，但却无往不在枷锁之中。自以为是其他一切的主人的人，反而比其他一切更是奴隶。

——卢梭

▫ 天下无纯粹之自由，亦无纯粹之不自由。

——章炳麟

▫ 如果能追随理想而生活，本着正直自由的精神，勇往直前的毅力，诚实而不自欺的思想而行，则定能臻于至善至美的境地。

——居里夫人

▫ 谁因为害怕贫穷而放弃比财富更加富贵的自由，谁就只好永远做奴隶。

——西塞罗

▫ 我是孤独的，我是自由的，我就是自己的帝王。

——康德

如以天地为室庐，日月行住坐卧得自由。

——刘过《登升元阁故基》

息虑狎群鸥，行藏合自由。

——韩偓《息虑》

白苹红蓼岸边秋，短桨轻帆与自由。

——释怀深《偈一百二十首·其三八》

客情随处好，鸥鸟自由飞。

——郭印《出郊》

尽自由、横翻倒转。睡觉西窗灯一笺。

——朱敦儒《鼓笛令》

落花流水元无碍，野鹤孤云尽自由。

——叶茵《题顺适堂》

有关 ▶ 探索

——每一次的探索，都是一次冒险。

- 每一步的探索，都是对生活的深情告白，勇敢追寻未知的美好吧！

- 当我们踏上未知的旅程，怀揣着对奇遇的渴望，每一步都充满无限可能。

- 你不会找到路，除非敢于迷路。

- 那片星空可能深邃未知，但我们必须勇敢追寻答案。

- 每一次新的探索，都是你成长的见证。

- 未来的旅程或许迷雾重重，但勇敢的心永不止步。

- 每一次新事物的探索，都是人生路上的美丽坚持。

□ 向还没有开辟的领域进军，才能创造新天地。

——李政道

□ 人的天职在于勇敢探索真理。

——哥白尼

□ 追求客观真理和知识是人的最高和永恒的目标。

——爱因斯坦

□ 真理的大海，让未发现的一切事物躺卧在我的眼前，任我去探寻。

——牛顿

□ 在科学上没有平坦的大道，只有不畏劳苦沿着陡峭山路攀登的人，才有希望达到光辉的顶点。

——马克思

□ 路漫漫其修远兮，吾将上下而求索。

——屈原《离骚》

□ 古人学问无遗力，少壮工夫老始成。
纸上得来终觉浅，绝知此事要躬行。

——陆游《冬夜读书示子聿》

□ 余与四人拥火以入，入之愈深，其进愈难，而其见愈奇。

——王安石《游褒禅山记》

□ 千淘万漉虽辛苦，吹尽狂沙始到金。

——刘禹锡《浪淘沙九首·其八》

□ 看似寻常最奇崛，成如容易却艰辛。

——王安石《题张司业诗》

有关 ▸ 独立

——独立是人生的必经之路。

◻ 倾世独立，静若繁花，宛如世间独一无二的瑰宝。

◻ 身处繁花闹市，心却独守静谧，不随波逐流，保持人格之独立。

◻ 做一个安静的人，于角落里自在开放，默默悦人，却始终不引起过分热闹的关注，保有独立而随意的品格，这就很好。

◻ 愿时光能缓，愿故人不散；愿你惦念的人能和你道晚安，愿你独闯的日子里不觉得孤单。

◻ 要有独立的思想、独立的经济和独立的人格，沉默着，骄傲着，不依靠，不寻找。

◻ 人心虽孤独，但耐得住寂寞，如深秋之莲，虽凋零却独立。

☐ 人多不足以依赖，要生存只有靠自己。

——拿破仑

☐ 世界上最强有力的人，是最具有独立精神的人。

——易卜生

☐ 只有穷人才能独立自主。就是最有权有百万富翁也是没有独立自主的。一个享有一个卢布的人就是这个卢布的奴隶。

——莱蒙特

☐ 路要靠自己去走，才能越走越宽。

——居里夫人

☐ 我越是孤独，越是没有朋友，越是没有支持，我就得越尊重我自己。

——夏洛蒂·勃朗特

☐ 凡是杀不死我的，必将使我强大。

——尼采

❑ 自立自重，不可随人脚跟，学人言语。

——陆九渊

❑ 花开不并百花丛，独立疏篱趣未穷。宁可枝头抱香死，何曾吹落北风中。

——郑思肖《寒菊》

❑ 花间一壶酒，独酌无相亲。

——李白《月下独酌四首·其一》

❑ 天行健，君子以自强不息。地势坤，君子以厚德载物。

——《易经》

❑ 自歌自舞自开怀，无拘无束无碍。

——朱敦儒《西江月·日日深杯酒满》

❑ 我自人间漫浪，平生事、南北西东。

——王以宁《满庭芳·邓州席上》

有关 ▶ 自然

——自然是天地的馈赠。

- 阳光与大地耳语，自然气息浪漫涌动。

- 停下往日忙碌的脚步，享受这一刻大自然的宁静。

- 自然是一本无边的诗篇，每一处风景都是细腻的诗行。

- 山水相依，天地为盟。自然之美，无需言表。

- 悠然自得的大自然，总是赋予我们无限的遐想和启示，如同蓝天白云下的一抹青山绿水，静谧中流露出生命的真谛。

- 阳光穿过叶间的缝隙，洒下斑驳的光影，仿佛是大自然的诗篇在熠熠生辉。

◘　自然是善良的慈母，同时也是冷酷的屠夫。

——雨果

◘　生命，那是自然付给人类去雕琢的宝石。

——诺贝尔

◘　非但不能强制自然，还要顺从自然。

——埃斯库罗斯

- 大自然的每一个领域都是美妙绝伦的。

  ——亚里士多德

- 只有服从大自然，才能战胜大自然。

  ——达尔文

- 心灵与自然相结合才能产生智慧，才能产生想象力。

  ——梭罗

- 等闲识得东风面，万紫千红总是春。

  ——朱熹《春日》

- 碧玉妆成一树高，万条垂下绿丝绦。

  ——贺知章《咏柳》

- 会当凌绝顶，一览众山小。

  ——杜甫《望岳》

- 举头望明月，低头思故乡。

  ——李白《静夜思》

- ▶ 有关思考

- ▶ 有关创新

- ▶ 有关自我

- ▶ 有关世界

第5章

Chapter five

探索自我

有关 ▶ 思考

——去闻一闻，在心中绽开的那朵花。

- 在思维的海洋里遨游，每一滴浪花都是智慧的光芒，照亮着内心深处的未知角落。

- 每一次深思熟虑，都是对灵魂的一次温柔抚摸，让心灵在纷扰的世界中找到一片宁静的港湾。

- 每一次深入的思考，都是对生命的一次深刻领悟，让我们在成长的道路上更加坚韧与成熟。

- 思考，是心灵深处绽放的静谧之花，于无声处听惊雷，于平凡中见真章。

- 思考，如同晨曦初露时分的第一缕阳光，穿透迷雾，照亮心田，让一切混沌与模糊逐渐变得清晰与明亮。

◘ 知识的学习需要勤于思考、思考、再思考。我是靠这个方法才成为科学家的。

——爱因斯坦

◘ 业精于勤，荒于嬉；行成于思，毁于随。

——韩愈《进学解》

◘ 每个人都必须按属于他自己的方式思考；因为他在自己的道路上，将发现能帮助他度过一生的真理。但是他不可以放任自己，必须克己，光有赤裸裸的本能是不可取的。

——歌德

◘ 人生最后的价值在拥有觉醒和思考的能力，非仅仅在于生存。

——亚里士多德

◘ 沉思为劳动，思考即行动。

——雨果

有关 ▶ 创新

——去找些新事，去完成自己的诗。

- 思维的火花在创新的熔炉中碰撞、交融，将绽放出最耀眼的光芒。

- 去探索，去创新，像航海家一样。

- 创新中，我们学会了倾听风的低语，感受雨的轻抚，与万物共鸣，让每一次的遇见都成为生命中不可磨灭的印记。

- 创新是心灵深处最温柔的呼唤，它引领我们跨越重重障碍，勇敢地追寻那份属于自己的独特与美好，让生命之树在不断地探索与创造中茁壮成长。

- 创新是一首未完成的诗，它永远在探索与发现的路上。每一行诗句都蕴含着对未知世界的敬畏与向往，引领着我们不断前行，追寻那最美的风景。

◻ 若无某种大胆放肆的猜想，一般是不可能有知识的进展的。

——爱因斯坦

◻ 整个世界呈现在我们面前，期待我们去创造，而非重复。

——毕加索

◻ 假使我们不能呼吸到思想活跃的空气，不接触日新月异的潮流，我们的知识就会过时，原有的趣味也会像死水一样变质。

——巴尔扎克

◻ 孩子的性情并不只是其父母性情中各种元素的重新排列组合，他性情中有些东西在其父母的性情中根本找不到。

——劳伦斯

◻ 天赋异禀之人并不遵循普通人的思维方式。

——司汤达

◻ 科学发展到最终的阶段，将会遇上想象。

——雨果

有关 ▸ 自我

—— "我" 究竟是谁。

- 我是一朵在春日里轻舞的花，不畏风雨，不惧凋零，只因心中有光，照亮我前行的每一步。

- 镜子前的我，是时间的低语，也是未来的序章。每一次凝视，都是与自我的一次深刻对话，温柔且坚定。

- 岁月悠悠，我自风情万种。不为过往云烟所困，不为未来未知所惧，只愿此刻的我，是最真实的自我，最美好的风景。

- 我的心是一片未被完全探索的海洋，深邃而神秘。每一朵浪花都是自我情感的涌动，每一次潮起潮落都是成长的见证。

- 在这漫长又短暂的人生旅途中，我们学会了与自己和解，学会了珍惜每一个当下。

▢　了解你自己。

——苏格拉底

▢　无论何时，都不要认为自己已明白一切。无论他者的评价有
多高，自己永远要勇气告诉自己：我毫无所知。

——巴甫洛夫

▢　显而易见，骄傲与谦卑是恰恰相反的，可是它们有同一个对
象。这个对象就是自我，或我们所亲切记忆和意识到的接续
着的一串相关观念和印象。

——休谟

▢　最重要的是成为自己，不要想着去影响他人。

——弗吉尼亚·伍尔夫

▢　真诚待己，才不会对他人欺诈。

——莎士比亚

▢　知人者智，自知者明。

——《老子》

有关 ▸ 世界

——去看看世界吧，那里有不一样的风景。

- 收拾行囊，踏上旅程，我要去看这个世界，用双脚丈量每一寸土地，用眼睛捕捉每一处风景。

- 旅行是对庸常生活的一种越狱。

- 山川湖海，四季更迭，世界诉说着岁月的流转与生命的轮回。

- 走走停停，或南或北。

- 世界借风摆出最疯狂的身姿，此时的灵魂就像透明的塑料袋兀自纷飞，张扬自由。

- 我想和我爱的人看遍山川四季和日升日落。

- 找不到答案的时候，就去这个世界看一看。

世界上最宽阔的是大海，比大海更宽阔的是天空，而比天空更宽阔的是人的内心。

——雨果

天地与我并生，而万物与我为一。

——《庄子》

"为何去登山？"
"因为山就在那里！"

——马洛里

整个世界除了心理上的失败，现实中并不存在什么失败。只要不是一败涂地，人必定会取得胜利。

——简·奥斯汀

在这个世界上，悲惨与伟大不能给与人任何真相，但存在许多的爱。荒唐当道，爱即拯救。

——加缪

- 江水照晴岚，两岸人家接画檐。

  ——张养浩《水仙子·咏江南》

- 溪边照影行，天在清溪底。天上有行云，人在行云里。

  ——辛弃疾《生查子·独游雨岩》

- 细雨茸茸湿楝花，南风树树熟枇杷。徐行不记山深浅，一路莺啼送到家。

  ——杨基《天平山中》

- 少年裘马骋春游，直指金鞭过五侯。绿水桃花临广岸，画栏杨柳压青楼。

  ——沈明臣《少年游》

- 八月石帆秋，聊为汗漫游。本因寻友去，却为看山留。

  ——陆游《出游》

- 树烟花露饶堤沙，楼阁朦胧一半遮。三竺钟声催落月，六桥柳色带栖鸦。

  ——聂大年《苏堤春晓》